CATALOGUE

DE TREIZE

TABLEAUX

ANCIENS

DES ÉCOLES FLAMANDE & HOLLANDAISE

ANTIQUITÉS ET OBJETS D'ART

COMPOSANT LE PRÉCIEUX CABINET

De feu M. L. COTTREAU

Dont la Vente aura lieu

PAR SUITE DE DÉCÈS

HOTEL DROUOT, SALLE N° 8

Les Lundi 30 et Mardi 31 Mai 1870

A DEUX HEURES ET DEMIE PRÉCISES

Par le ministère de **Me ESCRIBE,** Commissaire-Priseur,
rue de Hanovre, 6,

Assisté, pour les Tableaux, de **M. Francis PETIT,** Expert,
rue Saint-Georges, 7,

Et, pour les Antiquités et les Objets d'Art, de **M. MANNHEIM,** Expert,
rue Saint-George, 7.

EXPOSITIONS

PARTICULIÈRE	PUBLIQUE
Le Samedi 28 Mai 1870	Le Dimanche 29 Mai 1870

DE UNE HEURE A CINQ HEURES

PARIS — 1870

RENOU ET MAULDE

IMPRIMEURS DE LA COMPAGNIE DES COMMISSAIRES-PRISEURS

Rue de Rivoli, 144

CATALOGUE

DE TREIZE

TABLEAUX

ANCIENS

DES ÉCOLES FLAMANDE & HOLLANDAISE

ANTIQUITÉS ET OBJETS D'ART

COMPOSANT LE PRÉCIEUX CABINET

De feu M. L. COTTREAU

Dont la Vente aura lieu

PAR SUITE DE DÉCÈS

HOTEL DROUOT, SALLE N° 8

Les Lundi 30 et Mardi 31 Mai 1870

A DEUX HEURES ET DEMIE PRÉCISES

Par le ministère de **Me ESCRIBE**, Commissaire-Priseur,
rue de Hanovre, 6,

Assisté, pour les Tableaux, de **M. FRANCIS PETIT**, Expert,
rue Saint-Georges, 7.

Et, pour les Antiquités et les Objets d'Art, de **M. MANNHEIM**, Expert,
rue Saint-George, 7.

EXPOSITIONS

PARTICULIÈRE	PUBLIQUE
Le Samedi 28 Mai 1870	Le Dimanche 29 Mai 1870

DE UNE HEURE A CINQ HEURES

PARIS — 1870

D 5412

CONDITIONS DE LA VENTE

———

Elle sera faite au comptant.

Les Acquéreurs paieront, en sus des adjudications,
CINQ POUR CENT.

TABLEAUX

BREUGHEL (Jean)

(Bruxelles, 1568-1625.)

1 — La Fuite en Égypte.

Au pied d'un groupe de grands arbres séparés d'un bois par un étang, la Vierge est assise
tenant l'Enfant Jésus sur ses genoux; derrière
elle saint Joseph est debout appuyé sur l'âne.

Ce tableau, qui est plutôt un paysage qu'un
qu'un tableau de genre, est rempli de détails
d'une grande finesse d'exécution.

Cuivre. — H. 19 c. L. 15 c.

GUARDI (François)

(Venise, 1712-1793.)

2 — L'Église de la Charité à Venise.

L'église s'élève au fond d'une petite place, bordée par un canal qui s'étend au loin, animé par un grand nombre de gondoles, et bordé de maisons et de palais.

On voit sur la place plusieurs groupes de figures.

Ce tout petit tableau est d'une touche fine et spirituelle.

Toile. — H. 14 c. L. 21 c.

HEYDEN (Jean Van der)

(Gorcum, 1637-1712.)

3 — Place d'une église à Amsterdam; figures par Adrien Van de Velde.

Tout le côté gauche de la place, éclairé par le soleil, est occupé par une grande église et une suite de maisons qui y attiennent; le porche de l'église est ombragé de quelques arbres; au fond, une porte de la ville, et à droite diverses autres constructions.

Les figures, peintes par A. Van de Velde, sont charmantes de mouvement et de vérité. Un seigneur qui passe est salué par deux gentilshommes; des hommes, des femmes, des enfants, des cavaliers, des chiens et même des cochons donnent à la place un grand mouvement sans confusion.

Ce tableau, extrêmement précieux, est signé **J. V. D. H.**

Toile. — H. 30 c. L. 35 c.

HOBBEMA (Meindert)

(Amsterdam, 1638.)

4 — Sortie de bois.

Un étang et une mare, séparés par une bande de terrain, sont ombragés par des bouquets d'arbres à droite et à gauche; on sent au premier plan la fraîcheur de la forêt et au loin dans la campagne la chaleur du soleil; le ciel, d'une grande finesse de ton, est éclairé par un grand nuage lumineux.

Ce tableau est d'une couleur charmante et d'une grande vérité.

Bois. — H. 38 c. 47 c.

MAAS (Nicolas

(Dordrecht, 1632-1693,)

5 — Jeune fille tricotant.

Une jeune Hollandaise est assise devant une
table couverte d'un tapis rouge, sur lequel est
posé un bas; elle tricote l'autre, tout en détour-
nant la tête vers le spectateur; elle est coiffée
d'un bonnet à larges bords blancs et porte une
robe grise rayée, ornée de rubans rouges, et
un tablier blanc.

Tableau d'une très belle coloration.

Bois de forme cintrée. — H. 27 c. L. 20 c.

MIERIS (Guillaume Van)

(Leyde, 1662-1747.)

6 — Un Homme d'armes.

Il est vu à mi-corps, dans un riche costume militaire; la tête est couverte d'une toque en velours ornée d'une plume, la poitrine revêtue d'une cuirasse, recouvrant un justaucorps de soie tailladé aux manches, une longue écharpe est roulée au cou. Sa main droite est appuyée sur la garde de son épée, la gauche est derrière le dos.

Signé W. Mieris, 1706.

Bois. — H. 21 c. L. 17 c.

OSTADE (Adrien Van)

(Lubeck, 1610-1685.)

7 — La Lecture de la gazette.

Trois hommes sont attablés dans un cabaret; l'un d'eux lit avec attention un papier public, les deux autres écoutent avec le plus grand intérêt ; l'un tient sa pipe à la main, l'autre un pot d'étain; on voit sur la table un petit réchaud, une pipe et du tabac dans un papier, et aux murs, divers objets suspendus.

Au fond, par une porte ouverte, on voit sortir une femme et un jeune garçon.

La coloration de ce tableau est claire et vigoureuse, la touche en est grasse, juste et fine à la fois.

Signé : A. Ostade (date illisible).

Bois. — H. 37 c. L. 30 c.

OSTADE (Isaac Van)

(Lubeck, 1647.)

8 — La Victime de Noël.

Cette petite composition, de 12 à 13 figures, est d'une exécution très précieuse et arrangée d'une façon extrêmement pittoresque.

Devant la façade d'une maison rustique, aux murs tout tapissés de plantes grimpantes, des paysans et une femme sont réunis pour saigner un porc étendu à terre. Des enfants sont accourus de tous côtés et regardent curieusement la scène.

Signé : I. Ostade, 1644.

Bois forme ovale. — H. 20 c. L. 15 c.

ROTTENHAMER

(Munich, 1564-1623.)

9 — Sainte Famille.

La Vierge tient sur ses genoux l'Enfant Jésus
auquel saint Jean enfant offre un fruit.

Figures à mi-corps.

Cuivre. — H. 18 c. L. 15 c.

RUBENS (Pierre-Paul)

(1577-1640.)

10 — Portrait de Nicolas Rockox, Consul à Anvers·

Ce petit portrait, vu en buste, est peint en grisaille et daté *1636, œtatis 76 ;* il a été gravé.

Le consul est représenté vêtu de noir, une fraise plissée au cou, la tête nue.

L'exécution est d'une grande liberté, alliée à une grande sûreté de dessin.

Bois forme ronde. — 75 c. de diamètre.

TENIERS (David)

(Anvers, 1610-1690.)

11 — Buveurs, à la porte d'un cabaret.

Des buveurs sont attablés à la porte d'un cabaret ; on voit sur le devant un homme couché, endormi près de deux tonneaux vides ; au second plan des danseurs qui s'avancent au son d'une musette, et au fond les maisons du village entourées d'arbres.

Effet de soleil couchant.

Signé D. Téniers.

Bois. — H. 20 c. L. 26 c.

WITTE (ÉMMANUEL DE)

(Alkmaar, 1607-1692.)

12 — Intérieur d'église.

L'architecture de cette église de la Hollande est d'une grande élégance ; la nef, aux arcades élevées, est éclairée par un rayon de soleil qui frappe diverses parties et laisse les autres dans une demi-teinte très harmonieuse.

Cet intérieur est animé d'un assez grand nombre de personnages qui vont et viennent ; au premier plan, à gauche, une femme allaite son enfant ; sur le devant des chiens qui jouent.

Signé : E. de Witte, an 1657.

Bois. — H. 49 c. L. 39 c.

WYNANTS (Jean)

(Haarlem, 1600-1677.)

13 — Paysage, avec figures par Lingelbach.

Une plaine s'étend au loin, sillonnée par une route et bordée à gauche par quelques arbres et par un terrain de sable un peu élevé , sur lequel est un chêne mort dont le pied est entouré de buissons.

Ce tableau est très fin d'exécution. Le ciel, presque tout couvert de nuages, est d'un ton gris et lumineux.

Signé : J. Wynants, 1667.

Bois. — H. 29 c. L. 33 c.

VASES GRECS EN TERRE PEINTE

14 — Canthare. Peinture noire. — Vulci. — *L'Aurore*
monte sur un bige et saisit les rênes des che-
vaux. La déesse est vêtue d'une tunique longue
parsemée d'étoiles, et d'un péplus que le vent
fait enfler et lever au-dessus de sa tête. Dans le
champ des branches d'arbres, de chaque côté
un grand œil. Vers l'anse, les *Dioscures*, armés
d'un casque, d'une lance et de la pelta. L'em-
blème de la pelta, dont on voit l'exterieur, est
un lièvre peint en blanc. Une draperie entoure
les reins des deux Dioscures.

Dans l'intérieur du vase, à la naissance de
l'anse, est une tête de femme en relief, de face et
peinte en blanc. Les cheveux qui tombent en
longues tresses de chaque côté sont peints en
rouge violet.

Cabinet du chevalier Durand, n° 232.

Haut. y compris l'anse, 16 c.

15 — Hydrie. Peinture noire rehaussée de rouge sur
fond blanc. —Vulci. — ... MES (*Hermès*) et MAIA
(*Maïa*).—Le dieu vêtu d'un ample manteau tient
le caducée de la main gauche et une patère de
la main droite. Devant lui *Maïa*, vêtue de long.
lui présente une couronne. Au-dessus on lit :
KALOS, KAPVSTIOS. Sur chaque anse du vase
des animaux emblématiques. Un mufle de
lion en relief réservé en rouge décore la partie
supérieure de l'anse principale du vase. Vase
rare et précieux.

Haut. 25 c.

16 — Lécythus. Peinture jaune. — Nola. — Une Amazone vêtue d'anaxyrides zébrées et d'une espèce de camisole parsemée de cérules, tient une lance; son carquois est suspendu à son côté, un bonnet phrygien couvre sa tête.

Cabinet du chevalier Durand, n° 358.

Haut. 14 c.

17 — Hydrie. Peinture rouge. — Nola. — La bacchante *Thera*, vêtue d'une tunique talaire, assise sur une panthère.

Cabinet du chevalier Durand, n° 172.

Haut. 16 c.

18 — Amphore dite lancelle à anses cordées. Peinture rouge. — Nola. — Un guerrier barbu armé d'un casque (aulopis) et d'une cuirasse porte un grand bouclier rond décoré d'un taureau, auquel est attachée une longue draperie. Dans sa main droite est une phiale avec laquelle il fait une libation.

R. Un homme, à longue barbe, enveloppé dans le tribon, étend la main droite en avant.

Cabinet du chevalier Durand.

Haut. 35 c.

19 — Canthare. Peinture noire. — Vulci. — Au centre, deux sphinx accroupis; à droite, un éphèbe nu courant entre deux éphèbes debout et drapés; à gauche, deux éphèbes, l'un d'eux drapé et l'autre nu et courant.

Cabinet Durand.

Haut. y compris l'anse, 13 c.

20 — Phiale. Peinture noire sur fond blanc. —Vulci.
— Un Lyricine barbu, les pieds chaussés et
vêtu d'une simple chlamyde. Une draperie
parsemée d'étoiles est suspendue à sa lyre. Devant lui sont deux éphèbes. Le premier danse et
se retourne vers le lyricine; il est muni d'un vase
et d'un pedum; sa chlamyde est suspendue
sur son bras droit. L'autre éphèbe est entièrement nu, il est muni aussi d'un pedum.

Cabinet du chevalier Durand, n° 755.

Haut. 14 c.

21 — Hydrie. Peinture rouge. — Basilicate. — Buste de
femme et ornements.

Haut. 12 c.

22 — Lécythus. Peinture rouge. — Nola. — Femme assise, vêtue de long et tenant une couronne.

Haut. 10 c.

23 — Forme Canard. Peinture rouge. — Nola.

Haut. 8 c.

BRONZES ANTIQUES

24 — Statuette. — Achille, debout et nu, coiffé d'un casque. Les yeux sont incrustés d'argent.
Socle en jaspe rubané avec tore de vigne en
bronze ciselé et doré du temps de Louis XVI.

Provient du cabinet Fiérard.

Haut. de la statuette, 16 c.

Haut. du socle, 12 c.

25 — Statuette : Le Génie de la comédie. — Charmante
petite figurine ailée se couvrant la figure d'un
masque.

Socle en jaspe avec plinthe en marbre griotte
et moulures de bronze ciselé et doré.

Cabinet du baron Denon.

Haut. de la statuette, 78 mill.

Haut. du socle, 85 mill.

26 — Statuette : Jupiter debout coiffé d'une couronne
d'olivier ; les yeux sont incrustés en argent. La
main droite et l'avant-bras gauche manquent.

Cabinet du chevalier Durand.

Haut. sans le socle, 17 c.

27 — Statuette : Esclave debout et contrefait coiffé d'un
bonnet phrygien et tenant une patère de la
main droite.

Les yeux sont incrustés en argent. Cette figure
nous semble avoir été restaurée et repatinée au
XVI° siècle.

Cabinet du baron Denon.

Haut. 185 mill.

28 — Jolie petite statuette : Victoire ailée tenant une
couronne de la main droite.

Haut. 10 c.

29 — Statuette : La Fortune debout, munie de la corne
d'abondance et du gouvernail. Sur socle en
marbre jaune de Sienne.

Cabinet Fiérard.

Haut. sans le socle, 10 c.

30 — Statuette : Cicéron debout et drapé ; il tient de la
main droite un rouleau en argent.

Cabinet Revil.

Haut. 8 c.

31 — Statuette : Camille debout, tenant une patère de
la main droite. — Socle en jaspe rubané avec
tore de vigne en bronze doré pareil à celui de
la statuette n° 24.

> Haut. de la statuette, 14 c.
>
> Haut. du socle, 12 c.

32 — Statuette : Guerrier debout, il tient une lance de
la main gauche et une patère de l'autre main.
— Patine verte.

> Haut. 13 c.

33 — Buste de Diane : Bronze d'une grande finesse
d'exécution.

> Cabinet du chevalier Durand.
>
> Haut. 14 c.

34 — Très petite figurine : Hercule à demi couché sur
la peau de lion. — Socle en marbre jaune de
Sienne.

> Larg. 55 mill.

35 — Sanglier accroupi : Copie du sanglier de Florence.

> Cabinet Beugnot.
>
> Haut. 00 c.

36 — Tête de panthère de très beau style ; les yeux, la
langue et les dents sont en argent. Elle provient
vraisemblablement d'un manche de patère.

> Cabinet Beugnot.
>
> Haut. 7 c.

37 — Tête de bélier. Provenant aussi d'un manche de
patère.

38 — Tête de lionne. Même provenance.

39 — Petite patère dont le manche est formé par un
lièvre. Belle patine.

Cabinet du baron Roger.

40 — Vase oviforme sans pied, enrichi de ciselures et
muni d'une anse mobile garnie d'une chaînette
destinée à le suspendre.

Cabinet de Lucien, p ince de Canino.

41 — Petit vase à goulot à trèfle et à anse rattachée à la
panse par un mascaron tête de Satyre.

Cabinet du baron Roger.

Haut. 95 mill.

42 — Hache en bronze garnie d'un anneau.

———

BRONZES D'ART

43 — Statuette : Vénus debout, s'essuyant le pied gauche de la main droite et tenant des fruits dans
la main gauche. Elle s'appuie du coude gauche
sur un vase de forme antique élancée qui repose sur un piédestal couvert en partie par une
draperie. Patine verte.

Ce bronze remarquable, considéré comme antique par quelques amateurs, repose sur un
socle de granit rose oriental dont la face principale est ornée d'un camée à deux couches représentant une tête égyptienne. Le camée est placé

dans un médaillon de bronze doré soutenu par deux figures égyptiennes en bas-relief et en bronze doré au mat.

Haut. de la statuette, 235 mill.

Haut. du socle, 10 c.

44 — Hercule-Farnèse : Belle statuette en bronze. Travail florentin du XVIme siècle.

Haut. 37 c.

45 — Enfant nu dans l'attitude d'attraper un papillon. Jolie figurine en bronze. Travail florentin du XVIme siècle. Socle en ébène incrusté de filets de cuivre.

Haut. 20 c.

46 — Chèvre au galop : Bronze italien du XVIme siècle.

Haut. 10 c.

47 — Minerve debout : Figurine en bronze par Piéri, sur socle en porphyre rouge oriental.

Haut. 26 c.

48 — L'Astronomie : Groupe en bronze composé de deux figures de femmes nues considérant une sphère.

Haut. 14 c.

49 — Vénus sortant du bain : Figurine en bronze d'après Jean de Bologne. Sur socle en marbre jaune antique.

Haut. 13 c.

CAMÉES ET INTAILLES

50 — Cornaline : Scarabée antique.—Deux éphèbes nus,
l'un armé d'un arc, l'autre d'un javelot, regardent à leurs pieds. — Dans le champ le mot
étrusque : TALMEOI. Travail étrusque de la
plus grande beauté. Cabinet Revil.

D'après l'explication que M. de Montigny a
donnée de cette pierre admirable dans la Revue
archéologique (livraison du 15 juillet 1847), elle
représente Palamède et Philoctète auprès de l'au-
tel de Chrysa (planche 68 de la Revue).

Cabinet Revil.

51 — Nicolo : Un suivant de Bacchus tenant une grappe
de raisin ; monté en bague d'or.

52 — Nicolo : Poëte assis tenant un masque scénique.
Monté en bague d'or antique.

53 — Sardonix orientale à trois couches. — Intaille. —
Un cygne. Monture antique en or.

54 — Hématyte : Scarabée portant une vache gravée sur
son plat. Monture en or.

55 — Sardonix a trois couches. — Camée. — Masque
scénique. — Monté en bague d'or.

56 — Sardonix orientale à deux couches. — Camée.
— Le génie du dieu Mars. Beau travail. Monté
en bague d'or.

57 — Agate à trois couches. — Camée. — Tête de Jupiter lauré, profil à droite. Monté en bague d'or.

ANTIQUITÉS ÉGYPTIENNES

58 — Pierre calcaire : Statuette funéraire portant des inscriptions hiéroglyphiques.

59 — Basalte : Scarabée portant sur son plat neuf lignes d'hiéroglyphes.

60 — Pierre calcaire : Scarabée portant dix lignes d'hiéroglyphes.

61 — Hématite. Deux pièces : Petit Cylindre gravé et amulette formée d'un œil.

62 — Terre émaillée : Divinité agenouillée, élevant les bras, la tête surmontée du disque lunaire.

MÉDAILLES

63 — Tête laurée de Domitien. ℞. Cavalier au galop. Or.

64 — Tête de Constantin le grand. Or.

65 — Grande Médaille en argent présentant en relief les figures de Dieu le Père, du Fils et du Saint Esprit, et portant un grand nombre d'inscriptions latines. Reproduction moderne d'une médaille allemande portant la date de 1564.

66 — Médaille en bronze très-épaisse. Les armes de France couronnées. LA. CITE. D. CARSSONE. ℞. Les armes de la ville de Carcassonne. CAR-CASSONE, 1555.

DEUXIÈME VACATION

Le Mardi 31 Mai 1870

———

MANUSCRITS

67 — Preces Piæ. — Beau Manuscrit in-8 sur vélin des premières années du xvᵉ siècle, enrichi de dix belles miniatures et lettres ornées rehaussées d'or. Il est précédé du calendrier.

Riche reliure en maroquin rouge de Bauzonnet Trautz, avec fermoirs formés de cariatides en argent finement ciselé.

68 — Preces Piæ. Manuscrit in-8 sur vélin du xvᵉ siècle, enrichi de vingt-deux miniatures, de bordures, de lettres ornées rehaussées d'or. Le Calendrier manque.

Reliure ancienne en veau ornée d'abeilles et de rosaces.

69 — Preces Piæ. — Manuscrit français in-8 sur vélin du xvᵉ siècle, précédé du calendrier, enrichi de miniatures très-fines et de montants ornés à chaque page.

Reliure en maroquin par Bauzonnet, avec fermoirs d'argent.

70 — Preces Piæ. — Beau Manuscrit français in-8 du xvᵉ siècle, précédé du calendrier et enrichi de trente-quatre belles miniatures et de bordures ornées rehaussées d'or.

Reliure en maroquin vert, par Bauzonnet.

71 — **Heures latines.** — Beau Manuscrit français in-8 sur
vélin du xve siècle enrichi de dix-huit grandes
miniatures et d'un très-grand nombre de petites
ainsi que de riches bordures sur fond d'or. Il
est précédé du calendrier et porte des armoi-
ries, ainsi que le chiffre P C et la devise : *C'est
pour bien,* plusieurs fois répétés.

Reliure en veau à figures et ornements gaufrés, par Gruel. Fermoirs en argent.

72 — **Preces Piæ.** — Manuscrit français petit in-8 sur
vélin du xve siècle, enrichi de vingt grandes et
vingt-quatre petites Miniatures et de bordures
ornées et fleurdelisées, rehaussées d'or. Il est
précédé du calendrier et suivi de prieres en vieux
français.

Reliure en velours grenat avec fermoirs et
écoinçons en argent.

SCULPTURES EN IVOIRE

73 — Diptyque : Chacune des feuilles divisée en deux
registres et sculptée en bas-relief, représente
diverses scènes tirées de la vie du Christ : la Fla-
gellation, le Portement de croix, le Crucifiement.
la Descente de croix et la Mise au tombeau.

Ces sujets sont rehaussés de couleurs et d'or,
d'une assez belle conservation.

Beau travail du xive siècle.

Haut. 20 c. L. 23 c.

74 — Diptyque : Il présente sur chacune de ses feuilles
deux scènes tirées de l'Histoire de la Vierge,

sculptées en bas-relief et placées sous des arceaux en ogive. Sur le volet gauche, l'Adoration des Rois Mages et la Mort de la Vierge. Sur le volet droit, le Couronnement de la Vierge et le Christ en croix.

Travail du xive siècle.

Haut. 18 c. L. 20 c.

75 — Feuille de diptyque sculptée en bas-relief représentant le Christ debout couronné et portant le costume d'un pontife grec.

Travail du xe au xie siècle.

Haut. 155 mill. L. 65 mill.

76 — Feuille de diptyque sculptée en haut relief et représentant le Christ en croix entre les figures des saintes femmes. Ce sujet est placé sous des arceaux en ogive surmontés de fleurons gothiques.

Cette pièce, qui date de la fin du xive siècle, a conservé des traces de dorure.

Haut. 15 c. L. 10 c.

77 — Petit Diptyque : Sculpture en bas-relief représentant la Vierge entre deux anges debout et le Christ en croix entre les saintes femmes. Ces scènes sont placées sous des arceaux en ogive.

Ce diptyque est renfermé dans une boîte d'écaille formant reliquaire.

Travail du xve siècle.

Haut. 11 c. L. 14 c.

78 — Petit Coffret présentant dans toutes ses parties de fines sculptures en bas-relief, mascarons,

arabesques, rinceaux, etc. Le fermoir, en argent
gravé, porte les armes de la ville de Berne, et la
poignée est formée d'un double serpent également en argent.

Travail du XVIe siècle.

Haut. 7 c. L. 13 c.

79 — Deux Pièces d'échiquier : Éléphants supportant
une tour.

Travail européen.

80 — Boîte ronde à deux compartiments en ivoire sculpté
à fleurs et quadrillages découpés à jour.

Travail chinois.

Haut. 00 c.

81 — Petit Groupe : Confucius, assis sur un rocher,
entouré de divers animaux; une gazelle, un
héron, une tortue et un singe; ce dernier lui
présente le fruit sacré.

Travail chinois.

Haut. 12 c.

SCULPTURES EN BOIS

82 — Très-joli Médaillon rond en bois sculpté en bas-
relief. — Buste de femme tournée vers la
gauche.

Travail très-fin du XVIe siècle. Cadre à moulures en ivoire.

Collection Debruge.

83 — Boîte en forme de livre en bois sculpté et découpé
à jour. Travail du XVIe siècle.

84 — Bas-relief en bois de cèdre sculpté et repercé à jour, représentant l'arbre de Jessé. Travail du Liban. Cadre en argent doré et émaillé.

85 — Manche de cachet en bois sculpté, composé de cinq figurines d'enfants soutenant un écusson armorié. XVIᵉ siècle. Le cachet est en argent.

86 — Médaillon rond en buis sculpté. — Buste de femme tourné vers la droite. ISOTE. *Ariminensi. Forma et. Virtute. Italie. Decori.* Travail moderne dans le style du XVIᵉ siècle.

87 — Figurine de Chinois debout en bois sculpté. Sur socle en jaspe de Sicile.

88 — Petite Coupe ronde en bois de fer sculpté, à deux anses formées de branchages et de fleurs. Travail chinois.

OBJETS VARIÉS

89 — Charmant petit Coffret oblong à couvercle bombé en fer, entièrement couvert de fines arabesques damasquinées d'or et d'argent. XVIᵉ siècle.

Collection Debruge.

Larg. **15 c.**

90 — Coffret analogue à celui qui précède et de même travail.

Larg. 16 c.

91 — Très-belle Clef en fer à tête composée d'un motif d'architecture losangé à colonnettes aux angles et niches ornées de figurines ciselées et repercées à jour. Ce groupe repose sur une rosace placée verticalement et découpée à jour à ornements gothiques, avec base rectangulaire présentant sur chacune de ses faces des ornements repercés à jour. Travail précieux du xvi⁰ siècle.

Elle provient de l'abbaye de Saint-Bertrand de Comminges.

92 — Email de Limoges. — Belle plaque ronde peinte en grisaille et feuillages verts, attribuée à *Pape*. Elle représente Orphée et Eurydice.

Cabinet Visconti.

Diam. 16 c.

93 — Email de Limoges. — Jolie Plaque cintrée par le haut. — Peinture en grisaille par PIERRE RAYMOND, portant ses initiales ainsi que la date de 1538.

Elle représente la Vierge assise tenant son divin fils sur ses genoux. Le groupe principal est entouré des figures de SENC JEAN. SENC JAQUE. SENC JEROYME et SENC GORGE (sic). Dans le haut, la figure du Père éternel. Cadre doré.

Cabinet Denon.

Haut. 13 c. Larg. 10 c.

94 — Coupe ronde en cuivre émaillé, représentant à l'intérieur le sujet de l'Adoration des Rois Mages. Le reste de la pièce est décoré de rinceaux et d'ornements variés sur fond vert. XVI⁰ sièle.

Diam. 125 mill.

95 — Très-petite Boîte forme livre en fer, entièrement couverte d'ornements damasquinés en or. XVIe siècle.

Larg. 45 mill.

96 — Dague à lame triangulaire, avec poignée et fourreau en fer gravé et incrusté d'argent. Travail moderne.

97 — Porte-cartes en marqueterie de Bombay; ivoire, ébène et étain.

98 — Petit Brûle-parfums en bronze, avec dessus finement découpé à jour. Travail chinois.

99 — Joli Cartel Louis XVI en bronze doré, orné de bustes de femmes et surmonté d'un vase et de festons de lauriers.

100 — Petit Cartel, modèle œil-de-bœuf en bronze doré. Époque Louis XVI.

101 — Deux petits Meubles en bois noir, à deux corps, le bas fermant à une porte pleine et le haut formant vitrine. Le corps inférieur de l'un d'eux renferme un coffre-fort.

102 — Meuble en marqueterie de cuivre et écaille, genre Boule, fermant à deux portes vitrées; il est garni de bronzes et d'une tablette de marbre noir.

103 — Deux consoles d'angles en bois peint en noir et doré avec ornements sculptés ; style Louis XV.

BIJOUX

104 — Joli petit Coffret de forme rectangulaire à ressauts en cuivre gravé, ciselé et doré, enrichi de bas-reliefs et de termes en argent très-finement ciselé représentant des divinités de la fable, des ornements et des génies.

Le couvercle à gorge est surmonté d'une figure de lion en argent ciselé et la pièce est entièrement gravée à l'intérieur. Les pieds sont formés de lions couchés en bronze doré. Travail très-fin du xvie siècle.

Collection Chéronnet.

Haut. 12 c. Larg. 15 c.

105 — Charmante petite Statuette de saint personnage debout en or émaillé, sur base carrée formant reliquaire à ornements découpés à jour et enrichis d'émeraudes; ce bijou est destiné à être suspendu. Travail du xvie siècle.

106 — Bijou pendentif en or émaillé à ornements repercés à jour et pendeloques d'émeraudes. Il est enrichi d'un petit camée du xvie siècle sur agate à deux couches, représentant un buste de femme tourné vers la droite. Époque Louis XIII.

107 — Couteau et Fourchette à manches en argent doré, champ-levé à ornements et fleurs émaillées en couleurs. xvie siècle.

108 — Petite Tasse à deux anses en argent émaillé avec plateau filigrané, décorée de figures, d'ornements et d'arbustes émaillés en couleurs Travail chinois.

109 — Petit Étui chinois en filigrane d'argent doré et fleurs émaillées.

110 — Flacon Louis XIII en argent gravé et doré, enrichi de deux peintures sur émail, figures d'homme et de femme.

111 — Montre de voiture en argent repoussé à figures et ornements découpés à jour. Travail anglais du temps de Louis XV.

112 — Petit Vase forme balustre en cuivre émaillé, décoré de fleurs sur fond bleu. Socle en bois.

113 — Très belle Tabatière ovale en or émaillé en plein, à sujets d'intérieurs et attributs dans le style de Greuze, sur fond gravé à ornements. Belle conservation. Époque Louis XV.

113 *bis*. Deux Salières Louis XVI en argent ciselé de forme ovale et repercé à jour.

MATIÈRES PRÉCIEUSES

114 — Agate jaspée : Charmant petit vase de forme ovoïde parfaitement évidé d'épaisseur et à gorge et piédouche pris dans la masse. Le pied est garni d'une monture en or émaillé. Précieux travail du XVIme siècle.

Collection Debruge.

Haut. 11 c.

115 — Agate orientale sardonisée : Jolie coupe ovale à couvercle, sur piédouche formé de deux olives en sardonix orientale et monture enrichie d'or-

nements à rinceaux en or émaillé du xvime siècle.
Le couvercle est surmonté d'un aigle également
ment en or émaillé formant bouton.

Haut. 18 c. Larg. 11 c.

116 — Cristal de roche : Joli petit Vase ovoïde gravé à arabesques et cariatides ailées. Le goulot double rap-
porté, est relié à la panse du vase par une monture et deux anses, en argent doré à têtes de dau-
phins et de béliers.

Collection Debruge.

Haut. 11 c.

117 — Agate orientale blonde et mamelonnée : Jolie coupe
ronde avec piédouche pris dans la masse, et
montée sur un pied à balustre de même matière
garni en or émaillé.

Haut. 14 c.

118 — Agate orientale : Jolie coupe ronde incrustée d'or
gravé et enrichie de rubis. Cette pièce, de travail
indien très ancien, a reçu sous Louis XIV une
monture à anse plate en or émaillé à fleurs, avec
rubis et émeraudes incrustés.

Haut. 5 c. Diam. 7 c.

119 — Jaspe sanguin : Petite coupe ronde taillée à con-
tours, montée sur trois pieds formés de serpents
en bronze doré, se transformant en anses à la
partie supérieure.

Socle en albâtre oriental monté en bronze
doré. Epoque Louis XVI.

Haut. 15 c.

120 — Jaspe sanguin : Très petit Vase à couvercle, avec
monture en argent doré et émaillé enrichie de
rubis.

Haut. 5 c.

121 — Cristal de roche : Petit Vase à pans et à couvercle, gravé à feuillages et monté en argent doré et pierreries.

Haut. 17 c.

122 — Agate orientale blonde et mamelonnée : Petite coupe ronde avec pied et anse en argent doré et émaillé. Elle est accompagnée d'une soucoupe de même matière.

123 — Sardonix orientale : Petite coupe ronde garnie d'une monture en filigrane d'argent doré et pierreries.
La coupe nous semble de travail antique et la monture de travail polonais du xvie siècle.

124 — Jade blanc : Petite coupe ovale avec plateau rond, taillée à côtes et très-bien évidée. Les anses de la coupe prises dans la masse sont formées de feuillages. Travail de l'Inde.

125 — Agate orientale : Petite Coupe ovale et creuse à bord légèrement évasé.

126 — Quartz agatisé et sardonisé : Petite coupe ovale et creuse.

Collection Debruge.

127 — Agate baignée d'Allemagne : Deux très petites Coupes rondes.

128 — Jade gris verdâtre : Bouton formé de tiges de nénuphars avec fleurs, entouré d'oiseaux aquatiques pris dans la masse et entièrement repercé à jour. Socle en bois sculpté. Travail chinois.

129 — Lapis lazuli : Deux socles carrés avec moulures de bronze doré.

Haut. 14 c.

MATIÈRES DURES ET MARBRES

130 — Granit oriental noir et blanc : Deux beaux Vases évidés de forme ovoïde, à gorge, couvercle et anses carrées, prises dans la masse.

Ils reposent sur des piédestaux en serpentine noble, avec monture en bronze doré.

Cabinet du marquis de Drée.

Haut. des vases, 39 c.

Haut. des piédestaux, 23 c.

131 — Basalte : Joli Vase évidé de forme ovoïde à gorge et à deux anses carrées prises dans la masse.

Il repose sur un socle carré en serpentin d'Egypte, avec moulures en bronze doré.

Cabinet du marquis de Drée.

Haut. du vase avec couvercle, 23 c.

Haut. du socle, 15 c.

132 — Marbre brèche : Deux belles coupes rondes sur piédouche, à godrons sculptés et à deux anses prises dans la masse.

Elles reposent sur des socles carrés en porphyre rouge oriental, avec montures en bronze doré.

Cabinet du cardinal Fesch.

Haut. des coupes, 20 c. Diam. 34 c.

Haut. des socles, 17 c.

133 — Marbré jaunâtre : Coupe ronde sur piédouche à
canaux sculptés et à deux anses prises dans la
masse.

Elle repose sur un socle en granit rose
oriental.

Haut. 18 c. Diam. 28 c.

134 — Marbre rouge antique : Baignerolle sur socle en
marbre portor.

134 *bis*. — Porphyre rouge oriental : Petit socle carré.

———

PORCELAINES

135 — Jardinière de forme contournée en ancienne porcelaine de Sèvres, pâte tendre, fond gros bleu
rehaussé d'or et médaillon sujet pastoral, mu-
siciens dans un parc.

136 — Pot à Pommade à couvercle en ancienne porcelaine
de Sèvres, pâte tendre, fond gros bleu, cailloute
d'or et médaillons de fleurs. Epoque Louis XV.

137 — Deux jolis Vases forme balustre en céladon fleuri
décorés de fleurs et d'oiseaux sur fond bleu em-
pois.

Ils sont garnis de montures du temps de Louis
XVI en bronze ciselé et doré à socles, gorges et
anses.

Haut. 28 c.

138 — Deux petits Vases à deux anses rocaille, gorge
évasée et piédouche orné de coquilles en relief,
en ancienne porcelaine tendre de Sèvres, fond
gros bleu caillouté d'or et médaillons d'oiseaux.

Le décor de ces vases ne nous paraît pas ancien,
Socles en bronze doré.

Haut. 17 c.

139 — Deux Coupes rondes en ancienne porcelaine tendre
de Sèvres, fond bleu turquoise à médaillons de
fleurs, montées en bronze ciselé et doré. Les
fleurs seules nous paraissent de décor ancien.

Diam. 15 c. Haut. 16 c.

140 — Deux très-petits Vases en ancienne porcelaine craquelée de la Chine, montés en bronze doré, avec
pieds de marbre bleu turquin.

141 — Petite Théière sans couvercle en ancienne porcelaine craquelée de la Chine, décorée de fleurs et
garnie en cuivre doré.

142 — Deux petites Tasses avec soucoupes en ancienne
porcelaine de Saxe, décorées de sujets dans le
style de Watteau en camaïeu carmin.

143 — Tasse avec soucoupe en porcelaine mince de la
Chine, décorée de fleurs et d'ornements émaillés
en couleurs.

144 — Sucrier avec couvercle en ancienne porcelaine de
Sèvres pâte tendre, fond gros bleu et médaillons,
sujets de chasse. Les ors nous semblent avoir été
refaits. Monture en bronze doré.

Collection Hope.

145 — Deux Vases ovoïdes à gorge et à couvercle en porcelaine de Sèvres, pâte tendre, décor moderne à
médaillons, sujets champêtres et rehauts d'or.
Ils sont montés en bronze doré.

146 — Pot à crème en porcelaine tendre, fond bleu de
roi et décor d'or.

147 — Deux Vases forme bouteille à col évasé, en porcelaine moderne de la Chine, à arbustes gaufrés en
relief, réservés en blanc sur fond bleu.

148 — Deux petits Vases à couvercle, modèle à côtes en
porcelaine tendre, fond bleu turquoise et décor
d'or. Ils sont montés en bronze doré.

149 — Deux Vases forme balustre carré en porcelaine
moderne de la Chine, décorés de figures émaillées et portant des inscriptions. Ils sont montés en
bronze doré.

150 — Deux petits Vases forme balustre en porcelaine
moderne de la Chine, décorés de figures et de
fleurs.

151 — Sucrier en ancienne porcelaine de Chine, décoré
en émaux de la famille verte, à fleurs et oiseaux.

152 — Quatre-vingts Assiettes en ancienne porcelaine de
Chine ou du Japon, de belle qualité, qui seront vendues par lots.

153 — Quatre Compotiers de même porcelaine.

154 — Deux Sucriers avec plateaux et couvercles en ancienne porcelaine de l'Inde, décorés de fleurs.

155 — Douze petites Tasses avec soucoupes et un sucrier
en ancienne porcelaine du Japon.

LAQUES

156 — Joli petit Meuble-cabinet en laque noir du Japon, décoré de paysages en or en relief. Il ouvre à deux portes et renferme six tiroirs. Il est garni d'ornements de cuivre gravé.

157 — Très-petit Cabinet en laque usé du Japon, décoré de paysages en or. Il renferme trois petits tiroirs et il est garni d'argent.

158 — Deux Boîtes hexagones à couvercle, en laque usé du Japon, décorées de paysages en or. Elles sont garnies de métal à l'intérieur.

159 — Petite Boîte en forme de fruit en laque usé du Japon, décorée de paysages en or. Elle renferme un petit plateau de même travail.

160 — Boîte à jeu en laque, renfermant cinq boîtes dont une pour les cartes et les quatre autres garnies de jetons en nacre gravée.

161 — Deux petites Boîtes, l'une forme carrée à angles rentrants, l'autre forme losange en laque d'or du Japon, décorées de paysages.

162 — Deux petites Boîtes en laque du Japon, l'une de forme rectangulaire, l'autre forme éventail, Elles sont décorées de paysages et de fleurs en or.

163 — Deux petits Plateaux en laque aventuriné du Japon décorés de fleurs.

Renou et Maulde, imprimeurs de la Compagnie des Commissaires-Priseurs, rue de Rivoli, 144.   4686

www.ingramcontent.com/pod-product-compliance
Ingram Content Group UK Ltd.
Pitfield, Milton Keynes, MK11 3LW, UK
UKHW031739170726
13836UKWH00002B/767